Impressum
Verlag: BABADADA GmbH, Nedderfeld 112 , 22529 Hamburg
Geschäftsführer / Verlagsleitung: Harald Hof
Druck: Books on Demand GmbH, In de Tarpen 42, 22848 Norderstedt

Imprint
Publisher: BABADADA GmbH, Nedderfeld 112 , 22529 Hamburg, Germany
Managing Director / Publishing direction: Harald Hof
Print: Books on Demand GmbH, In de Tarpen 42, 22848 Norderstedt

shule
iskola

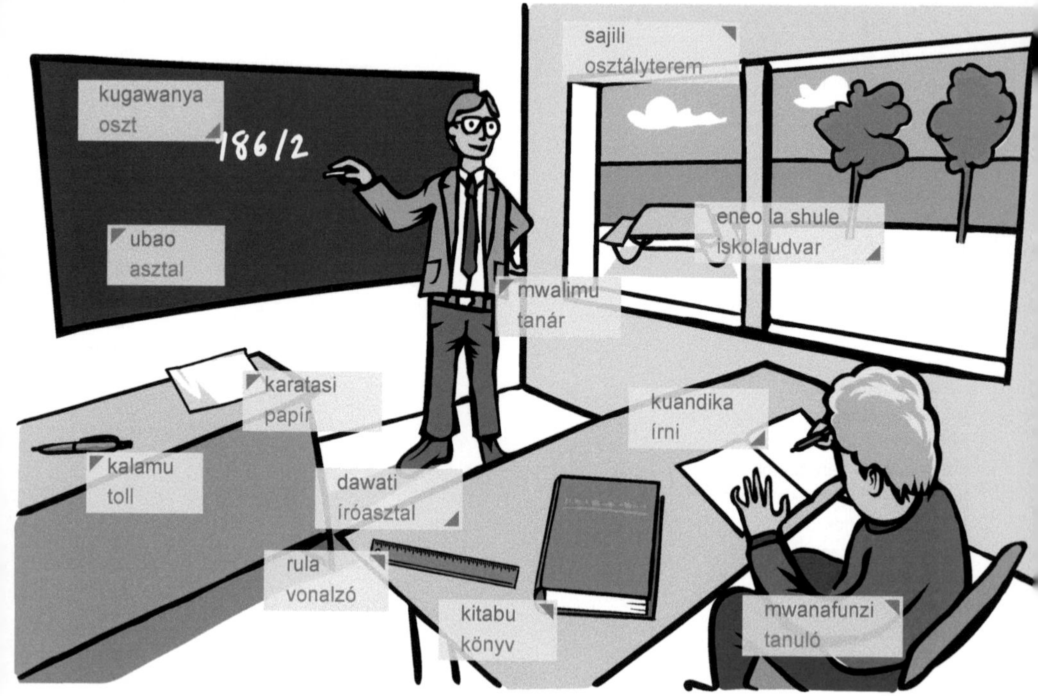
sajili
osztályterem
kugawanya
oszt
186/2
ubao
asztal
eneo la shule
iskolaudvar
mwalimu
tanár
karatasi
papír
kuandika
írni
kalamu
toll
dawati
íróasztal
rula
vonalzó
kitabu
könyv
mwanafunzi
tanuló

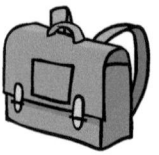

mkoba

iskolatáska

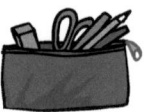

kikasha cha penseli

tolltartó

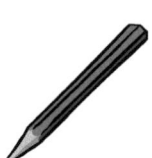

penseli

ceruza

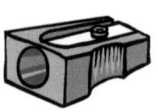

kichonga penseli

ceruzahegyező

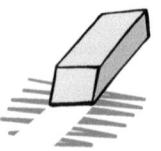

mpira

radír

pedi ya kuchora

rajzfüzet

uchoraji

rajz

brashi ya rangi

ecset

sanduku la rangi

festőkészlet

mkasi

olló

gundi

ragasztó

daftari

munkafüzet

kazi ya nyumbani

házi feladat

nambari

szám

jumlisha

összead

ondoa

kivon

zidisha

szoroz

kokotoa

számol

barua

betű

alfabeti

ABC

neno

szó

maandishi
....
szöveg

kusoma
....
olvasni

chaki
....
kréta

somo
....
tanóra

sajili
....
napló

uchunguzi
....
vizsga

cheti
....
bizonyítvány

sare za shule
....
iskolai egyenruha

elimu
....
oktatás

elezo
....
enciklopédia

chuo kikuu
....
egyetem

darubini
....
mikroszkóp

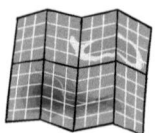

ramani
....
térkép

kikapu cha kuweka karatasi
chafu
....
papír-hulladék gyűjtő

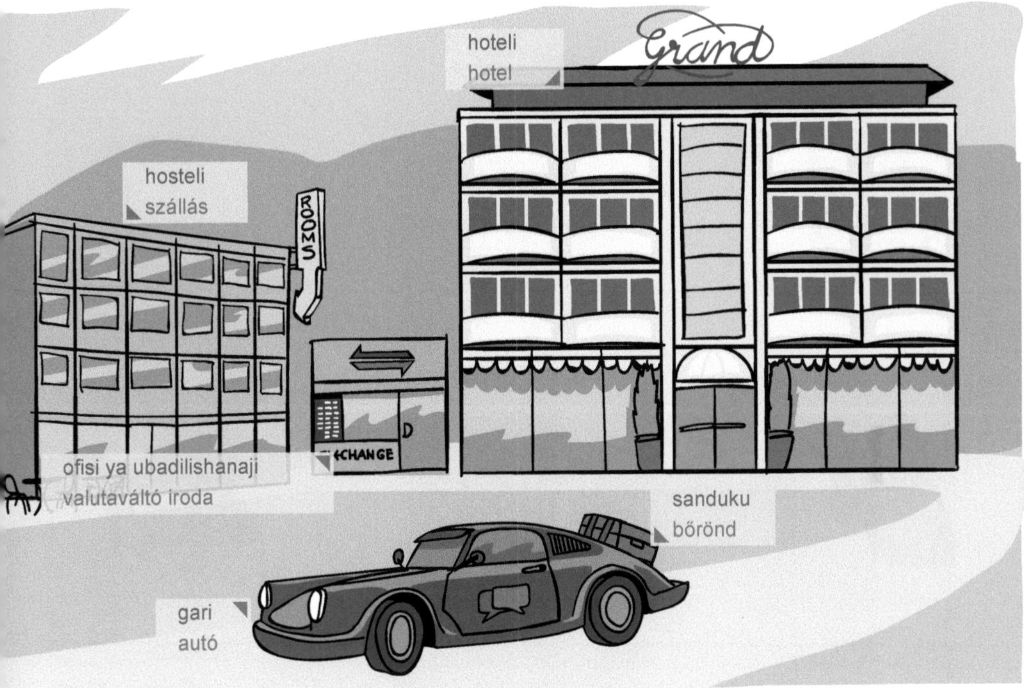

hoteli
hotel
Grand
hosteli
szállás
ROOMS
EXCHANGE
ofisi ya ubadilishanaji
valutaváltó iroda
sanduku
bőrönd
gari
autó

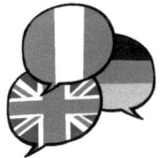

lugha
nyelv

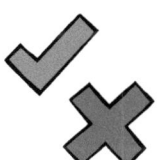

ndiyo / la
igen/nem

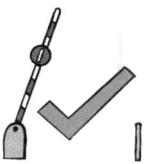

sawa
rendben

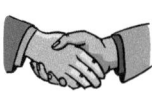

hujambo
szia

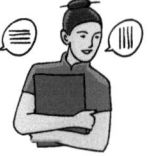

mtafsiri
fordító

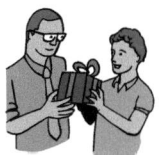

Asante
köszönöm

kiasi gani ni ...?

mennyibe kerül...?

Sielewi

nem értem

tatizo

probléma

Jioni njema!

Jó estét!

Habari za asubuhi!

jó reggelt!

Usiku mwema!

jó éjszakát!

kwa heri

viszontlátásra

mwelekeo

útirány

mizigo

poggyász

mfuko

táska

shanta

hátizsák

mgeni

vendég

chumba

szoba

begi la kulalia

hálózsák

hema

sátor

taarifa ya utalii

turista információ

ufuo

strand

kadi

hitelkártya

kifunguakinywa

reggeli

chakula cha mchana

ebéd

chakula cha jioni

vacsora

tiketi

jegy

kuinua

lift

muhuri

bélyeg

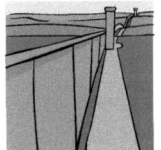

mpaka

határ

mila

vám

ubalozi

nagykövetség

visa

vízum

pasipoti

útlevél

usafiri

közlekedés

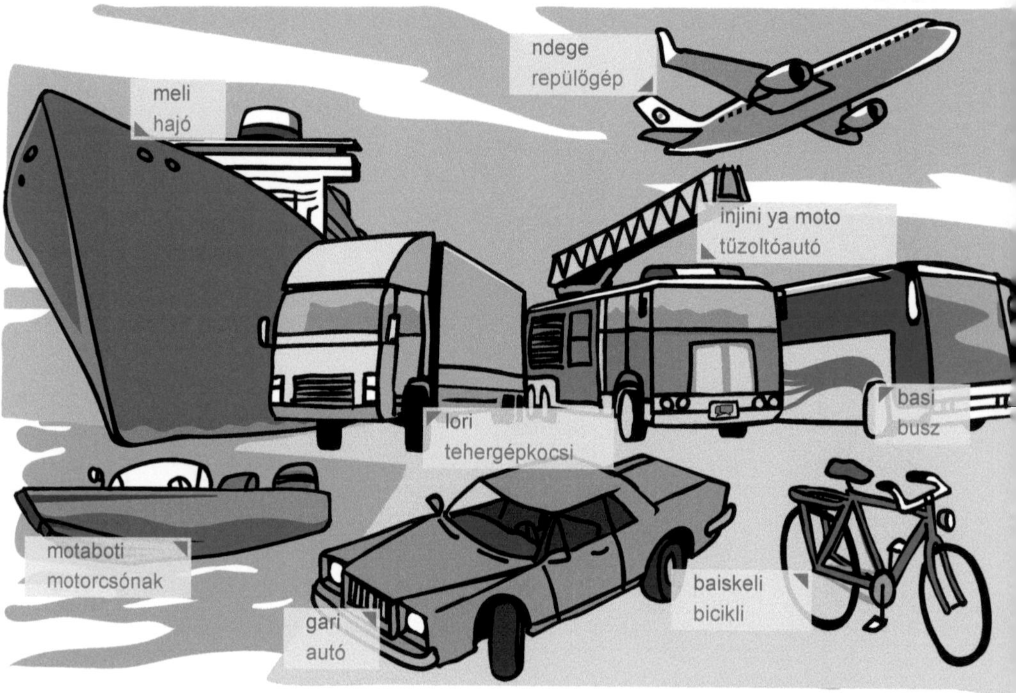

ndege
repülőgép
meli
hajó
injini ya moto
tűzoltóautó
lori
tehergépkocsi
basi
busz
motaboti
motorcsónak
baiskeli
bicikli
gari
autó

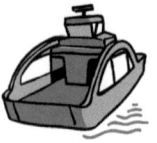

feri

komp

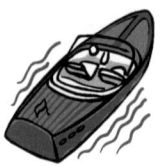

mashua

csónak

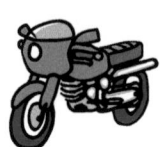

pikipiki

motorkerékpár

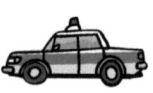

gari la polisi

rendőrautó

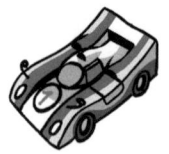

gari la mashindano

versenyautó

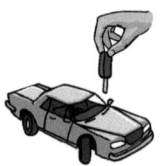

gari la kukodisha

bérautó

kushiriki gari

telekocsi

lori la kuvuta

vontató

ukusanyaji taka

szemetes autó

motor

motor

mafuta

üzemanyag

kituo cha mafuta

benzinkút

ishara trafiki

közlekedési tábla

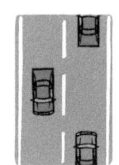

trafiki

forgalom

msongamano

forgalmi dugó

maegesho

parkoló

kituo cha treni

vonatállomás

reli

sínek

garimoshi

vonat

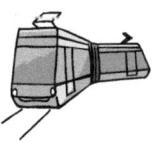

tremu

villamos

gari la mizigo

vagon

helikopta

helikopter

uwanja wa ndege

repülőtér

mnara

torony

abiria

utas

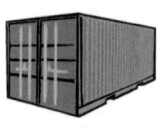

chombo

konténer

katoni

kartondoboz

mkokoteni

taliga

kikapu

kosár

ondoka

felszáll / leszáll

jiji

város

kijiji

falu

katikati ya jiji

városközpont

nyumba

ház

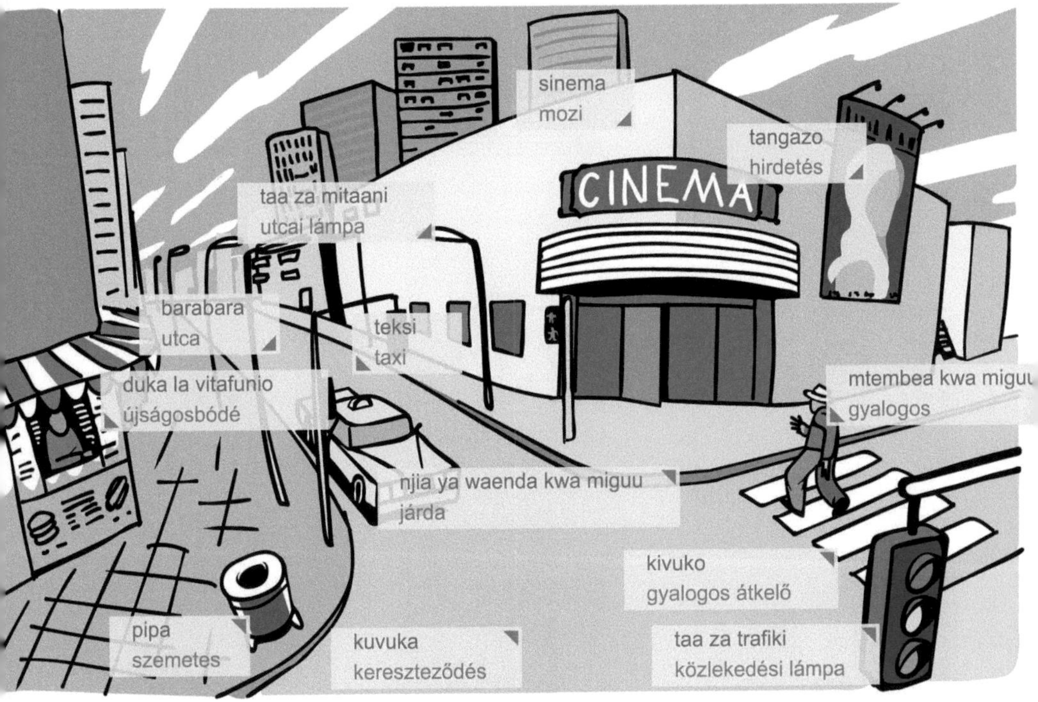

sinema
mozi

tangazo
hirdetés

taa za mitaani
utcai lámpa

CINEMA

barabara
utca

teksi
taxi

duka la vitafunio
újságosbódé

mtembea kwa miguu
gyalogos

njia ya waenda kwa miguu
járda

kivuko
gyalogos átkelő

pipa
szemetes

kuvuka
kereszteződés

taa za trafiki
közlekedési lámpa

kibanda

kunyhó

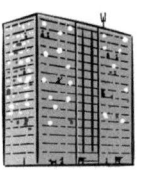

gorofa

lakás

kituo cha treni

vonatállomás

ukumbi wa mji

városháza

Makavazi

múzeum

shule

iskola

chuo kikuu

egyetem

benki

bank

hospitali

kórház

hoteli

hotel

duka la dawa

gyógyszertár

ofisi

iroda

duka la kitabu

könyvesbolt

duka

üzlet

duka la maua

virágüzlet

dukakuu

szupermarket

soko

piac

idara ya kuhifadhi

áruház

mwuza samaki

halárus

kituo cha ununuzi

bevásárló központ

bandari

kikötő

Hifadhi

park

benki

pad

daraja

híd

vidato

lépcső

chini ya ardhi

metró

handaki

alagút

kituo cha mabasi

buszmegálló

bar

bár

mgahawa

étterem

sanduku la posta

postaláda

ishara ya barabara

utcatábla

mita ya maegesho

parkoló óra

bustani ya wanyama

állatkert

kidimbwi cha kuogelea

uszoda

msikiti

mecset

shamba

gazdálkodás

uchafuzi

környezetszennyezés

makaburini

temető

kanisa

templom

uwanja wa michezo

játszótér

hekalu

szentély

mazingira
táj

jani
levél

ishara ya mwelekeo
útjelző tábla

njia
út

malisho
rét

jiwe
kő

mtembeaji wa masafa
túrázó

mti
fa

mto
folyó

nyasi
fű

ua
virág

bonde

völgy

kilima

domb

ziwa

tó

msitu

erdő

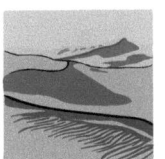

jangwa

sivatag

volkano

vulkán

ngome

kastély

upinde wa mvua

szivárvány

uyoga

gomba

mtende

pálmafa

mbu

szúnyog

kuruka

légy

chungu

hangya

nyıki

méhecske

buibui

pók

mende

bogár

chura

béka

kuchakuro

mókus

nungunungu

sündisznó

sungura

nyúl

bundi

bagoly

ndege

madár

swan

hattyú

nguruwe mwitu

vaddisznó

kulungu

szarvas

aina ya kongoni

rénszarvas

bwawa

gát

tabo ya upepo

szélturbina

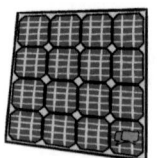

nishaji ya jua

napelem

hali ya hewa

éghajlat

mgahawa
étterem

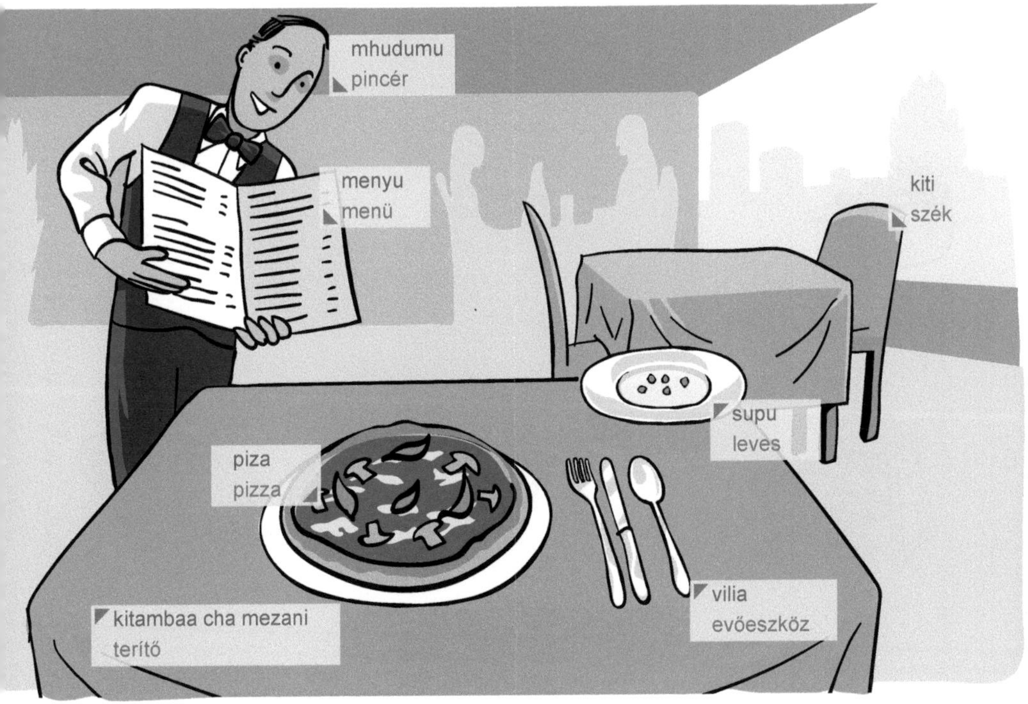
mhudumu
pincér
menyu
menü
kiti
szék
supu
leves
piza
pizza
vilia
evőeszköz
kitambaa cha mezani
terítő

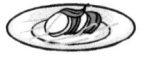

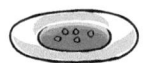

kiamsha hamu

előétel

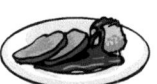

kozi kuu

főétel

kitindamlo

desszert

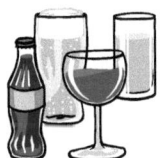

vinywaji

italok

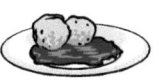

chakula

étel

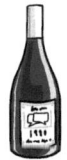

chupa

üveg

chakula cha haraka

gyorsétel

Streetfood

gyorsétel

buli

teás kanna

kisanduku cha sukari

cukortartó

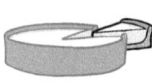

sehemu

adag

mashine ya espresso

eszpresszógép

kiti kirefu

bárszék

muswada

számla

trei

tálca

kisu

kés

uma

villa

kijiko

kanál

kijiko cha chai

teáskanál

nepi

szalvéta

glasi

pohár

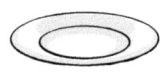

sahani

tányér

sahani ya supu

leveses tányér

sufuria

csészealj

mchuzi

szósz

kichanyaji chumvi

sószóró

kinu cha pilipili

borsőrlő

siki

ecet

mafuta

étkezési olaj

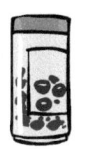

viungo

fűszerek

kechapu

ketchup

haradali

mustár

kachumbari nzito

majonéz

dukakuu
szupermarket

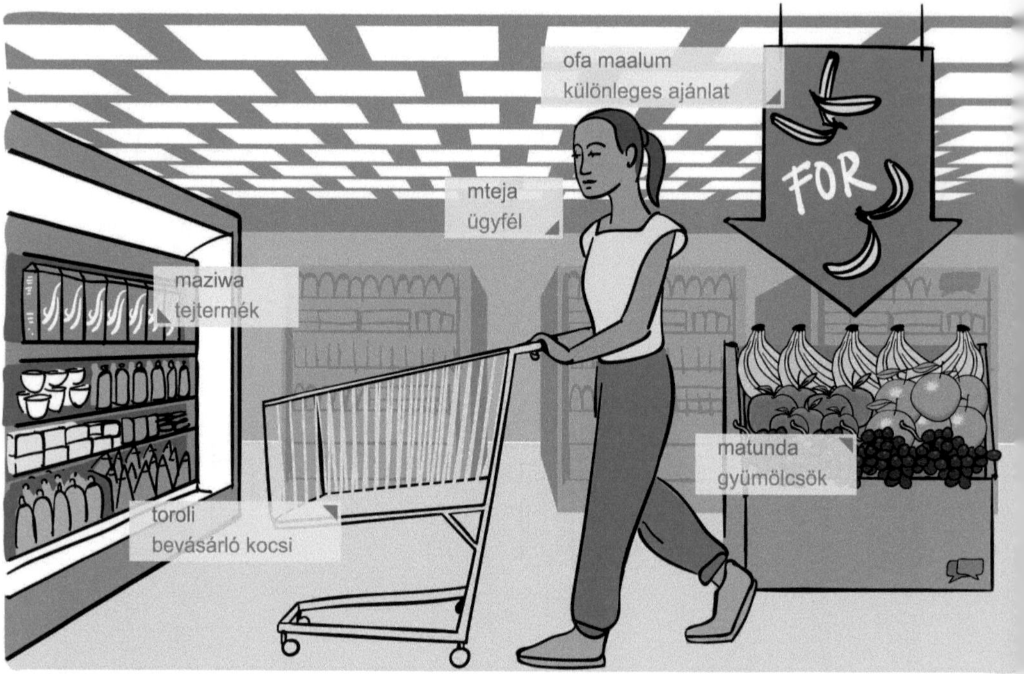

ofa maalum
különleges ajánlat
FOR
mteja
ügyfél
maziwa
tejtermék
matunda
gyümölcsök
toroli
bevásárló kocsi

BUTCHERS

mchinjaji

hentes

BAKERY

mwokaji

pékség

uzito

nyom valamennyit

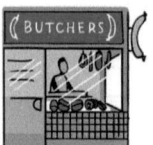

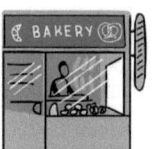

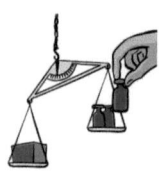

mboga

zöldség

nyama

hús

chakula waliohifadhiwa

fagyasztott áru

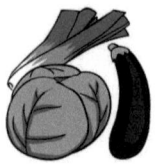

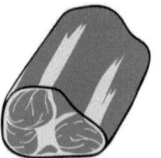

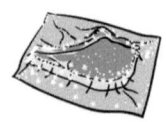

vipande vya nyama baridi
felvágott

chakula cha kopo
konzerv

sabuni ya unga
mosópor

pipi
édességek

bidhaa za kaya
háztartási termék

bidhaa za kusafisha
tisztítószerek

mtu mauzo
eladó

mpaka
pénztárgép

keshia
eladó

orodha ya manunuzi
bevásárló lista

masaa ya ufunguzi
nyitva tartás

mkoba
levéltárca

kadı
hitelkártya

mfuko
zacskó

mfuko wa plastiki
műanyag zacskó

maji

víz

sharubati

gyümölcslé

maziwa

tej

coke

kóla

mvinyo

bor

bia

sör

pombe

alkohol

kakao

kakaó

chai

tea

kahawa

kávé

spreso

eszpresszó

kapuchino

kapucsínó

ndizi

banán

tufaha

alma

machungwa

narancs

tikiti

sárgadinnye

lemon

citrom

karoti

sárgarépa

kitunguu saumu

fokhagyma

mianzi

bambusz

kitunguu

hagyma

uyoga

gomba

karanga

magvak

nudo

nokedli

spageti

spagetti

mpunga

rizs

saladi

saláta

vibanzi

sült krumpli

viazi vya kukaanga

sült burgonya

piza

pizza

hambaga

hamburger

sandwichi

szendvics

kipande

hússzelet

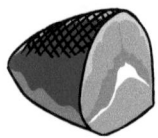

paja la mnyama

sonka

salami

szalámi

soseji

kolbász

kuku

csirke

choma

pecsenye

samaki

hal

oats ya uji

zabkása

muesli

müzli

cornflakes

kukoricapehely

unga

liszt

kroisanti

croissant

andazi

zsemle

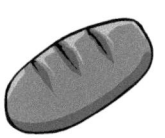

mkate

kenyér

mkate wa kubanika

pirítós kenyér

biskuti

keksz

siagi

vaj

maziwa mgando

túró

keki

sütemény

yaı

tojás

yai kıkaanga

tükörtojás

jibini

sajt

chakula - étel

aiskrimu

jégkrém

sukari

cukor

asali

méz

jemu

lekvár

kuenea kwa chokoleti

mogyorókrém

mchuzi wa viungo

curry

shamba
gazdálkodás

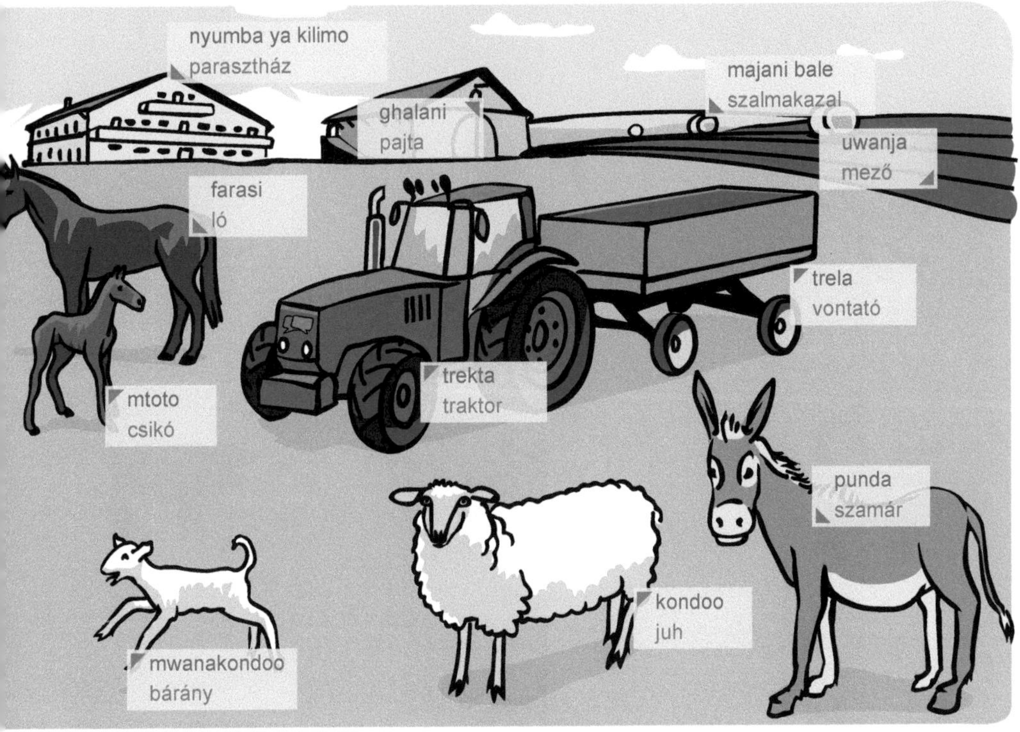

nyumba ya kilimo
parasztház
ghalani
pajta
majani bale
szalmakazal
uwanja
mező
farasi
ló
trela
vontató
trekta
traktor
mtoto
csikó
punda
szamár
kondoo
juh
mwanakondoo
bárány

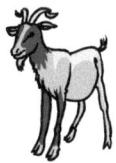

mbuzi

kecske

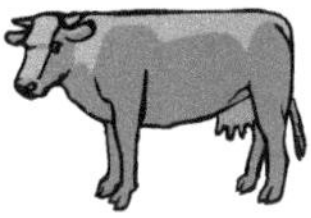

ng'ombe

tehén

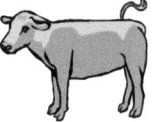

ndama

borjú

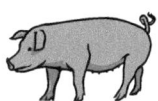

nguruwe

malac

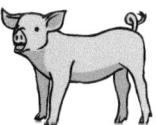

mwananguruwe

kismalac

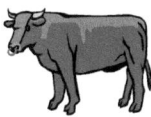

fahali

bika

batabukini

liba

bata

kacsa

kifaranga

csibe

kuku

tojó

jogoo

kakas

panya

patkány

paka

macska

panya

egér

ng'ombe

ökör

mbwa

kutya

nyumba ya mbwa

kutyaház

bomba la bustani

kerti öntözőcső

debe la kumwagilia maji

öntözőkanna

fyekeo

kasza

kulima

eke

mundu

sarló

jembe

kapa

uma wa nyasi

vasvilla

shoka

fejsze

toroli

talicska

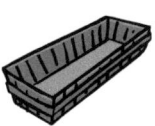

kupitia nyimbo

teknő

chombo cha maziwa

tejes kancsó

gunia

zsák

ua

kerítés

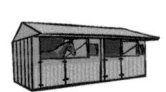

imara

istálló

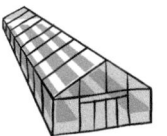

chafu

üvegház

udongo

talaj

mbegu

vetőmag

mbolea

trágya

kivunaji

cséplőgép

mavuno

szüretelni

mavuno

betakarítás

viazi vikuu

yamgyökér

ngano

búza

soya

szója

viazi

burgonya

mahindi

kukorica

rapa

repcemag

mti wa matunda

gyümölcsfa

muhogo

manióka

nafaka

gabona

nyumba
ház

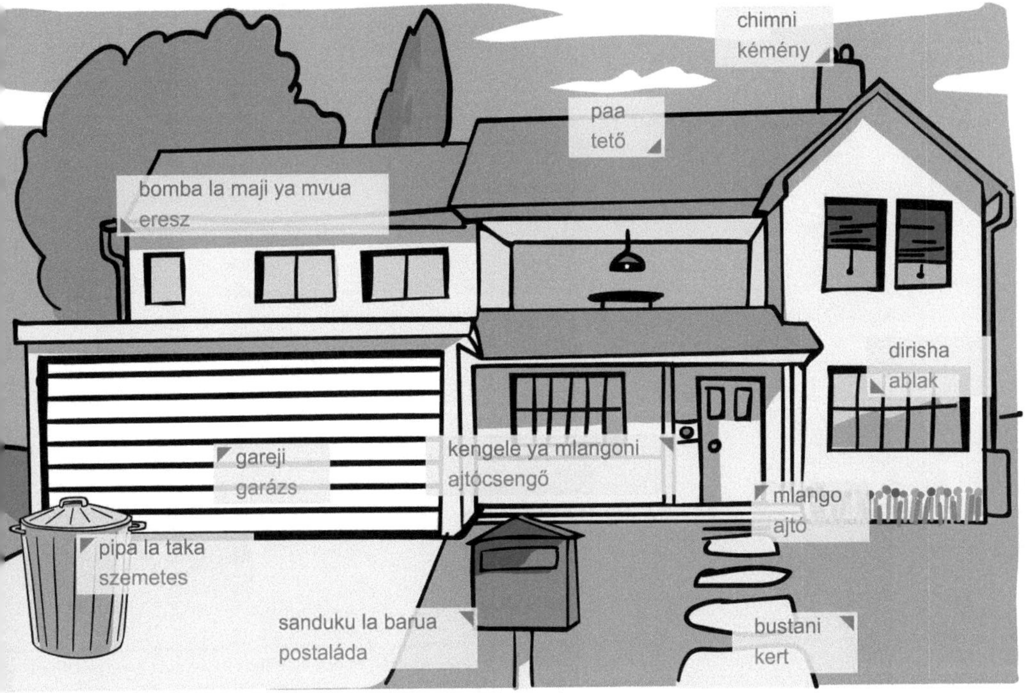

chimni
kémény
paa
tető
bomba la maji ya mvua
eresz
dirisha
ablak
gareji
garázs
kengele ya mlangoni
ajtócsengő
mlango
ajtó
pipa la taka
szemetes
sanduku la barua
postaláda
bustani
kert

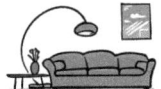

sebuleni
nappali

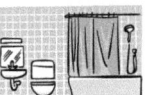

bafu
fürdőszoba

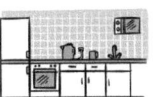

jikoni
konyha

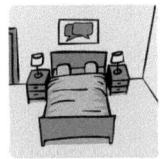

chumba cha kulala
hálószoba

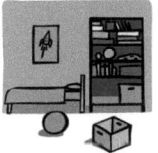

chumba ya mtoto
gyerekszoba

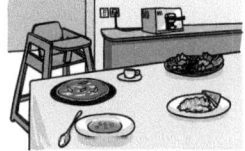

chumba cha kulia
ebédlő

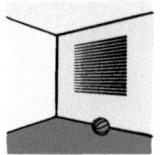

sakafu

padló

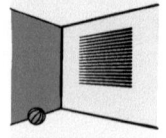

ukuta

fal

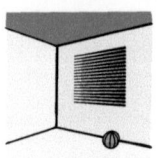

dari

plafon

pishi

pince

sauna

szauna

roshani

erkély

mtaro

terasz

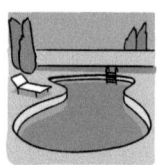

kidimbwi

medence

mashine ya kukata nyasi

fűnyíró

karatasi

lepedő

kitambaa cha kupamba
kitanda

ágytakaró

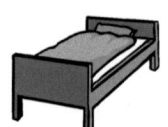

kitanda

ágy

ufagio

seprű

ndoo

vödör

kubadili

kapcsoló

sebuleni
nappali

mandhari
tapéta
picha
kép
taa
lámpa
rafu
polc
kabati
szekrény
televisheni/runinga
televízió
mekoni
kandalló
ua
virág
mto
párna
sofa
kanapé
chombo cha maua
váza
kitenzambali
távirányító

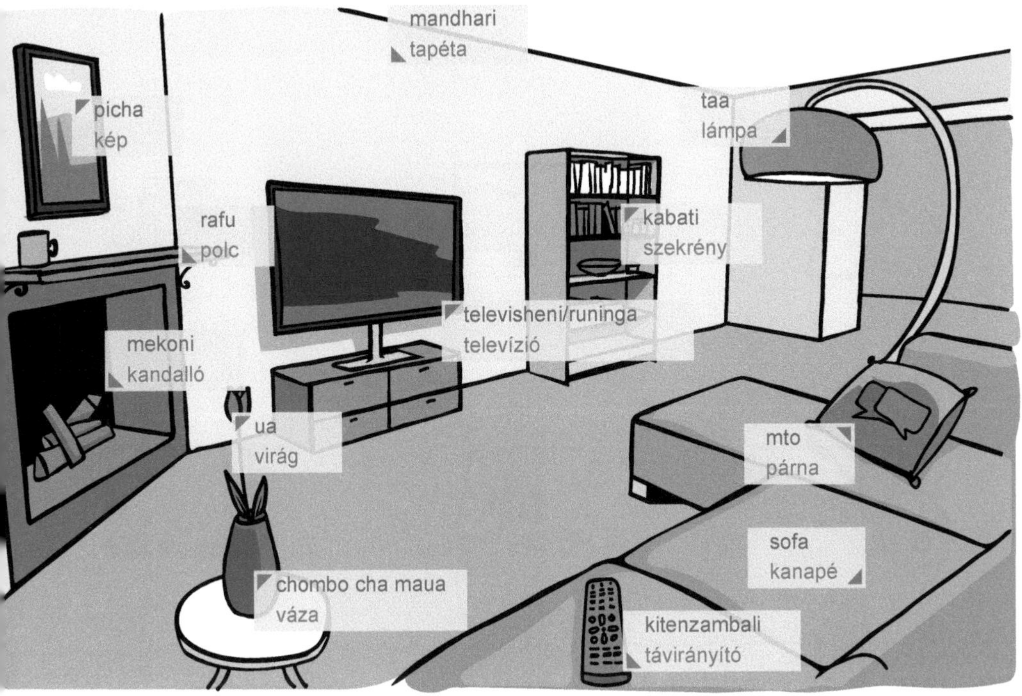

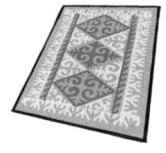

zulia

szőnyeg

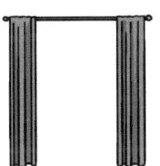

pazia

függöny

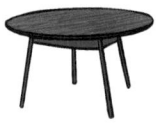

meza

asztal

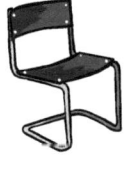

kiti

szék

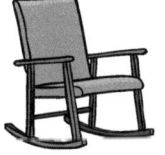

kiti cha bembea

hintaszék

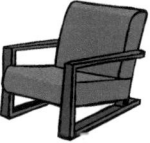

armchair

karosszék

kitabu

könyv

blanketi

takaró

mapambo

dekoráció

kuni

tűzifa

filamu

film

kifaa cha hi-fi

hifi

ufunguo

kulcs

gazeti

újság

uchoraji

festmény

bango

poszter

redio

rádió

daftari

jegyzetfüzet

kifyonza

porszívó

dungusi kakati

kaktusz

mshumaa

gyertya

jikoni
konyha

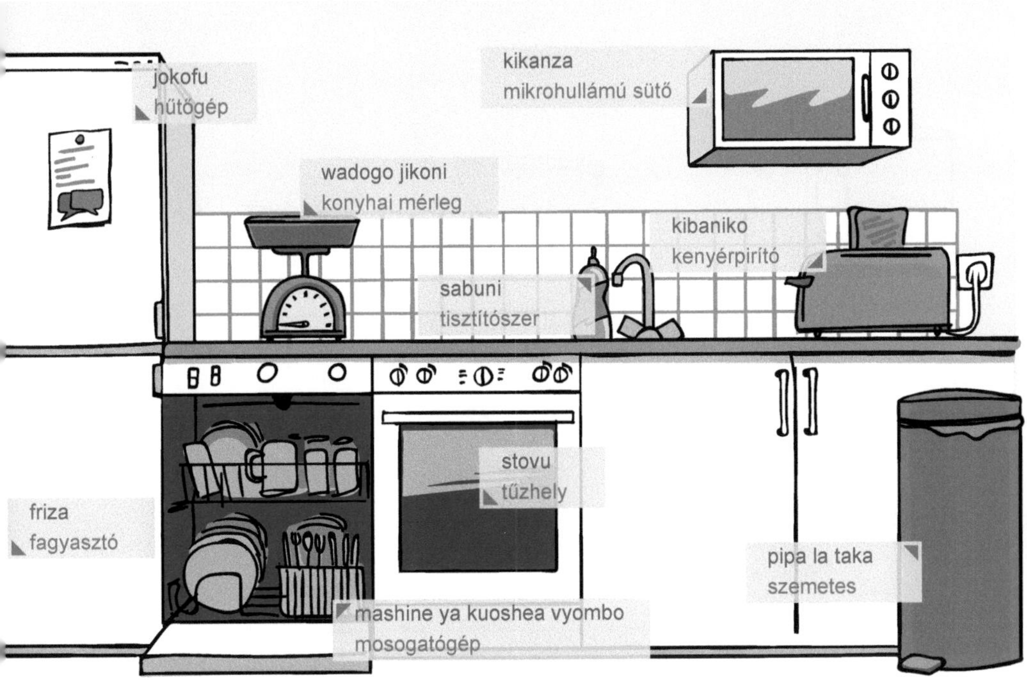
jokofu
hűtőgép
kikanza
mikrohullámú sütő
wadogo jikoni
konyhai mérleg
kibaniko
kenyérpirító
sabuni
tisztítószer
stovu
tűzhely
friza
fagyasztó
pipa la taka
szemetes
mashine ya kuoshea vyombo
mosogatógép

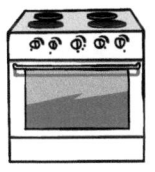

jiko la kupika

tűzhely

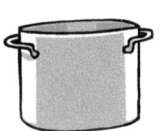

chungu

edény

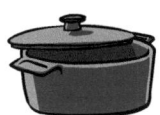

sufuria ya chuma

vasfazék

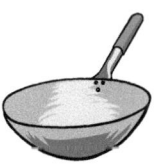

wok / kadai

wok / kadai

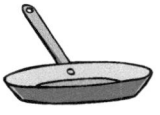

kaango

serpenyő

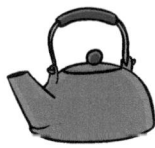

birika

vízforraló

stima

pároló

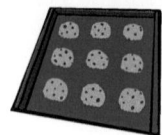

sinia ya kuoka

tepsi

vyombo vya udongo

étkészlet

kombe

bögre

bakuli

tálka

vijiti vya kulia

evőpálcika

ukawa

merőkanál

mwiko mpana

keverőlapátka

burashi

habverő

kichujio

szűrő

chujio

szita

mbuzi

reszelő

chokaa

mozsár

barbeque

grillsütö

moto wazi

kandalló

ubao wa majaribio

vágódeszka

kijiti cha kusukuma unga

sodrófa

kizibuo

dugóhúzó

kopo

doboz

inaweza kopo

konzervnyitó

kishikio cha chungu

edényfogó

karo

mosogató

brashi

kefe

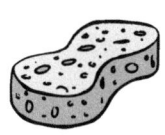

sifongo

szivacs

kisagaji matunda

turmixgép

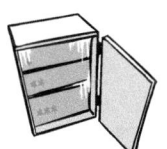

friji ya kina

mélyhűtő

chupa ya mtoto

cumisüveg

bomba

csap

bafu

fürdőszoba

joto
fűtés
mfereji wa kuogea
zuhany
taulo
törölköző
pazia la kuogea
zuhanyfüggöny
maji ya kuoga yenye povu
habfürdő
hodhi
kád
glasi
pohár
mashine ya kuosha
mosógép
bomba
csap
vigae
csempe
poti
bili
karo
mosogató

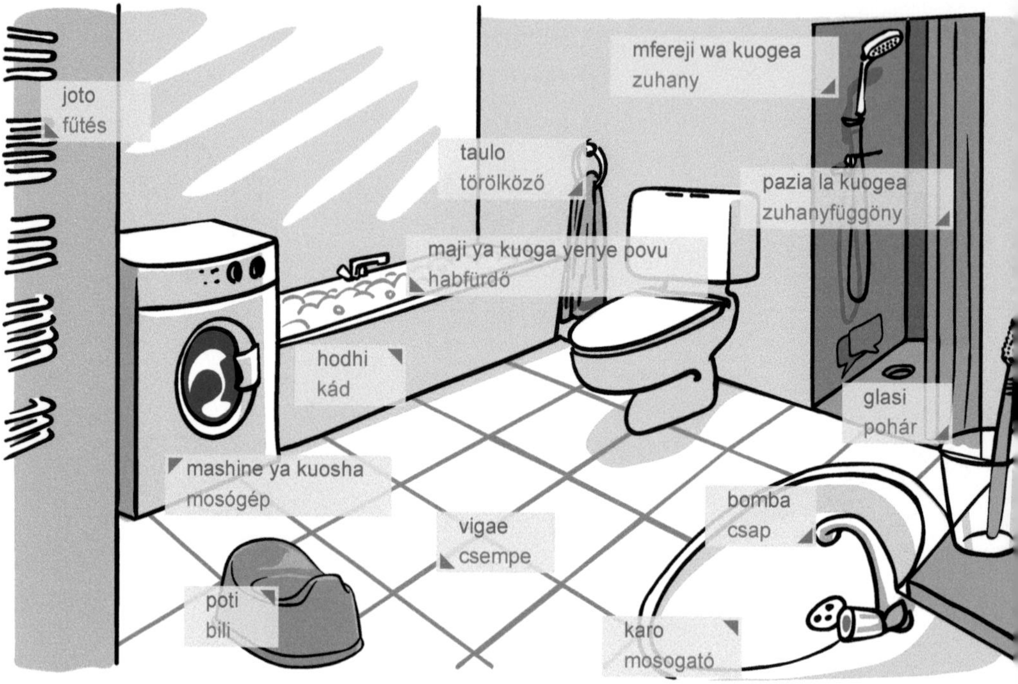

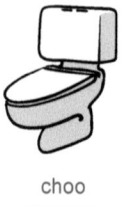

choo

toalett

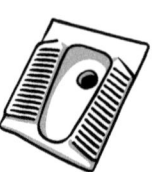

choo cha squat

guggolós toalett

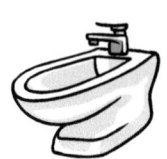

beseni la mviringo

bidé

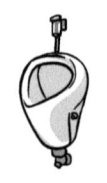

choo cha umma

piszoár

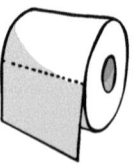

shashi

toalett papír

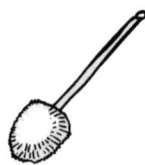

brashi ya choo

wc kefe

mswaki

fogkefe

dawa ya meno

fogkrém

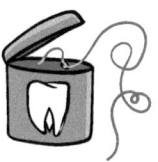

dawa ya meno

fogselyem

safisha

mosni

kuoga mkono

kézi zuhany

msukumo wa maji

intimzuhany

bonde

mosdótál

mpako wa pili

hátmosó kefe

sabuni

szappan

jeli ya kuogea

tusfürdő

shampuu

sampon

flana

mosdókesztyű

toa maji

lefolyó

krimu

krém

kiondoa harufu

dezodor

kioo

tükör

kioo mkono

kézitükör

kinyozi

borotva

povu la kunyoa

borotvahab

baada ya kunyoa

borotválkozás utáni
arcszesz

kichana

fésű

brashi

hajkefe

kikausha nywele

hajszárító

marashi ya nyewele

hajlakk

vipodozi

smink

kidomwa

ajakrúzs

varnish ya msumari

körömlakk

pamba

vatta

mkasi wa kucha

körömvágó olló

manukato

parfüm

mkoba wa kuosha

neszesszer

kinyesi

sámli

mizani

mérleg

nguo ya kuoga

köntös

glavu za mpira

gumikesztyű

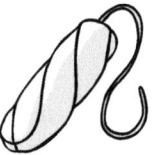

kisodo

tampon

sodo

egészségügyi betét

kemikali choo

vegyi WC

chumba ya mtoto

gyerekszoba

saa ya kengele
ébresztő óra
kidoli cha kupakata
plüssállat
gari bandia
játékautó
kelele
csörgő
chumba cha midoli
babaház
sasa
ajándék

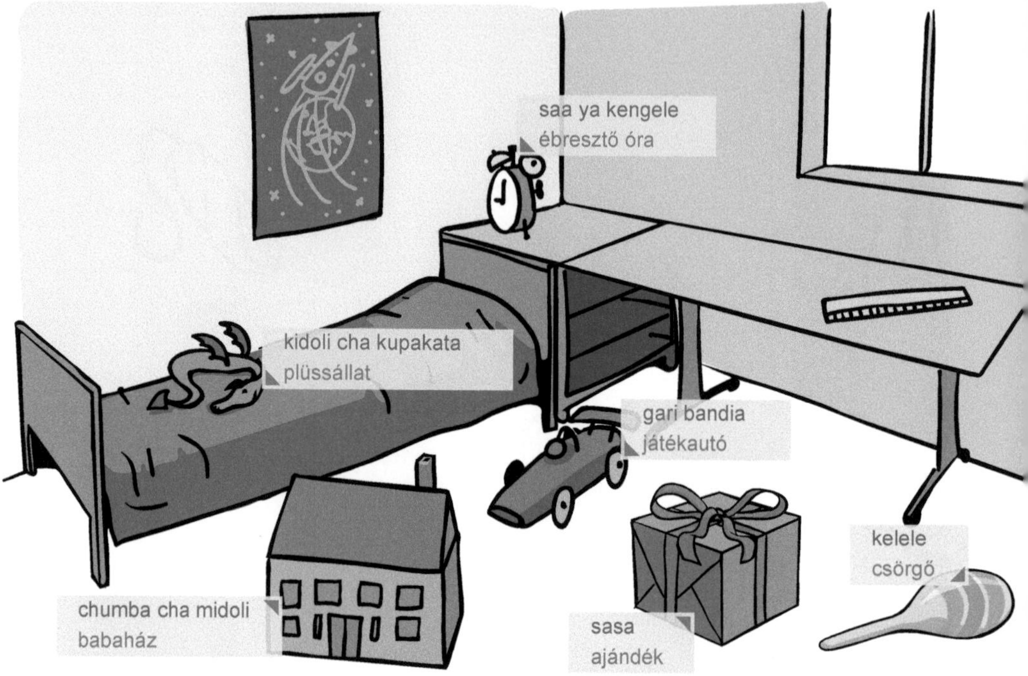

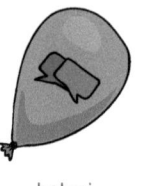

baluni

lufi

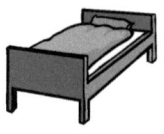

kitanda

ágy

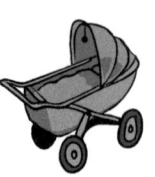

mashua

babakocsi

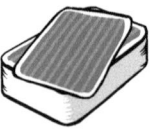

staha ya kadi

kártyapakli

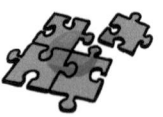

mchezo-fumb

kirakós játék

SUPER
MEGA

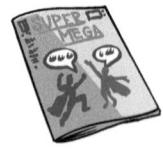

vichekesho

képregény

matofali lego

építőkockák

vitalu mwigo

építőelem

hatua takwimu

szuperhős

suti ya kulalia

rugdalózó

kisahani

frizbi

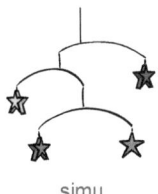

simu

zenélő forgó

ubao wa michezo

társasjáték

kete

kocka

garimoshi mwigo

modellvasút

dummy

cumi

chama

zsúr

picha kitabu

képeskönyv

mpira

labda

kikaragosi

baba

kucheza

játszani

shimo la mchanga

homokozó

bembea

hinta

vitu bandia

játékok

kiweko cha video ya mchezo

videójáték konzol

baiskeli ya magurudumu

tricikli

matatu

mwanasesere

teddi maci

kabati

ruhásszekrény

nguo

ruházat

soksi

zokni

stokingi

harisnya

kibano

harisnyanadrág

skafu
sál

mwavuli
esernyő

fulana
póló

ukanda
öv

viatu
csizma

ndara
papucs

wakufunzi
tornacipő

malapa
szandál

viatu
cipő

mabuti ya mpira
gumicsizma

suruali ya ndani
alsónadrág

sidiria
melltartó

fulana
mellény

mwili

body

suruali

nadrág

dangirizi

farmer

sketi

szoknya

blauzi

blúz

shati

ing

vuta

pulóver

sweta

kapucnis pulóver

bleza

blézer

jaketi

dzseki

koti

kabát

koti la mvua

esőkabát

maleba

kosztüm

gauni

ruha

mavazi ya harusi

esküvői ruha

suti

öltöny

vazi la usiku

hálóing

pajama

pizsama

sari

szári

skafu

fejkendő

kilemba

turbán

burka

burka

kaftan

kaftán

abaya

abaya

vazi la kuogelea

fürdőruha

vazi la kiume la kuogelea

fürdőnadrág

kaptura

rövidnadrág

teitei

tréningruha

aproni

kötény

glavu

kesztyű

kifungo

gomb

glasi

szemüveg

bangili

karkötö

mkufu

nyaklánc

pete

gyűrű

herini

fülbevaló

kofia

sapka

kiango cha koti

vállfa

kofia

kalap

tai

nyakkendő

zipu

cipzár

kofia

bukósisak

kanda za suruali

nadrágtartó

sare za shule

iskolai egyenruha

sare

egyenruha

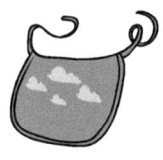

bibu

előke

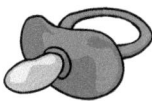

dummy

cumi

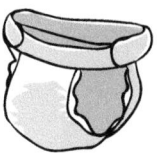

nepi

pelenka

ofisi

iroda

seva
szerver
kabati la kuweka faili
irattartó szekrény
karatasi
papír
kichapishaji
nyomtató
kiwambo
képernyő
kipanya
egér
dawati
íróasztal
folda
mappa
kibodi
billentyűzet
cha kuweka karatasi chafu
hulladék gyűjtő
kompyuta
számítógép
kiti
szék

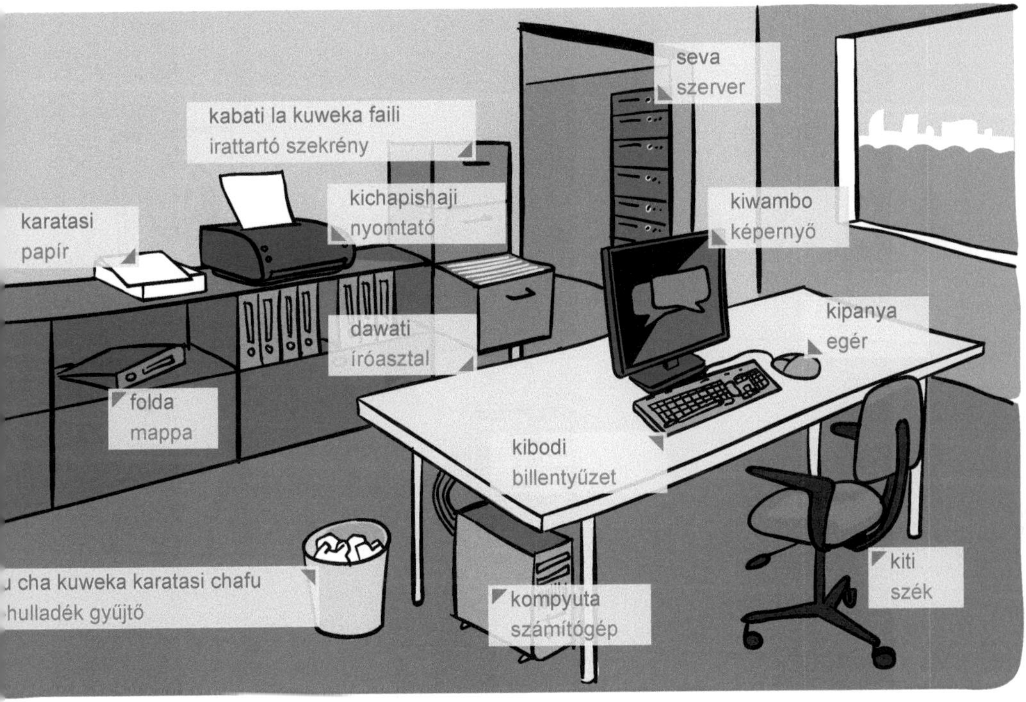

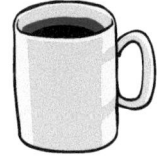

kmobe la kahawa

kávéscsésze

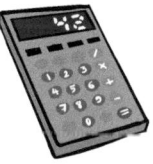

kikokotoo

számológép

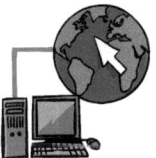

biashara

internet

mbali
....
laptop

barua
....
levél

ujumbe
....
üzenet

rununu
....
mobiltelefon

intaneti
....
hálózat

fotokopia
....
fénymásoló

programu
....
szoftver

simu
....
telefon

soketi
....
konnektor

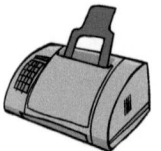

kipepesi
....
faxgép

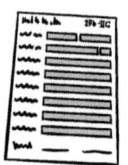

fomu
....
formanyomtatvány

hati
....
dokumentum

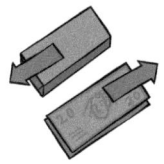

kununua
....
venni

kulipa
....
fizetni

biashara
....
kereskedni

fedha
....
pénz

USD

dola
....
dollár

EUR

yuro
....
euró

JPY

yeni
....
jen

RUB

rouble
....
rubel

CHF

faranga ya Uswisi
....
svájci frank

CNY

renminbi yuan
....
kínai jüan

INR

rupia
....
rúpia

eneo la kulipia
....
bankautomata

ofisi ya ubadilishanaji

valutaváltó iroda

dhahabu

arany

fedha

ezüst

mafuta

olaj

nishati

energia

bei

ár

mkataba

szerződés

kodi

adó

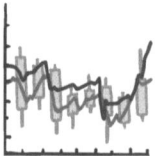

bidhaa

részvény

kazi

dolgozni

mfanyakazi

munkavállaló

mwajiri

munkaadó

kiwanda

gyár

duka

üzlet

kazi
foglalkozások

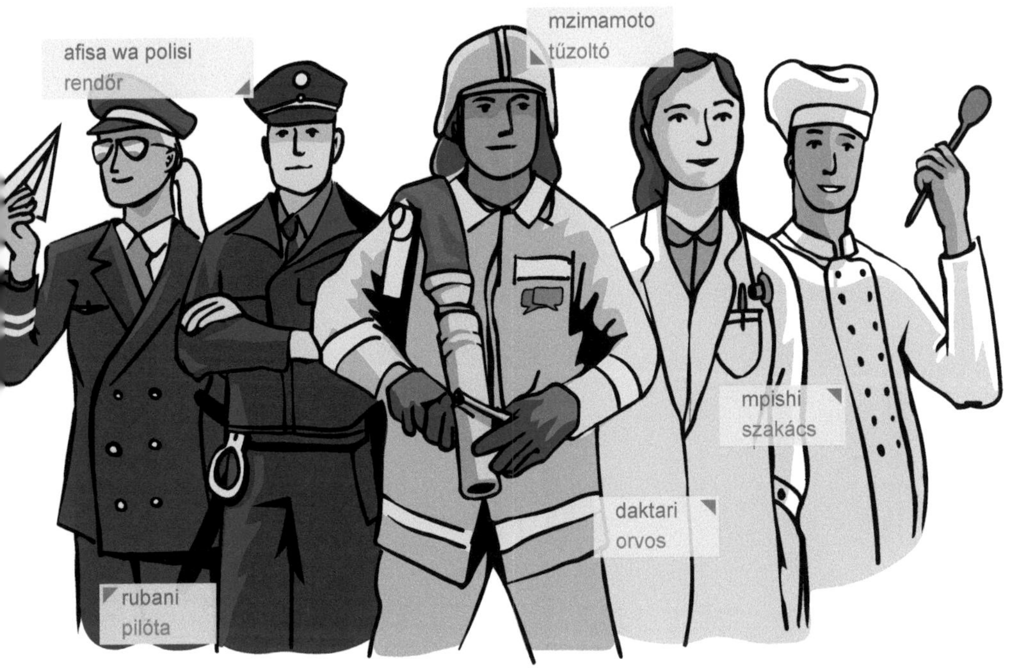
afisa wa polisi
rendőr
mzimamoto
tűzoltó
mpishi
szakács
daktari
orvos
rubani
pilóta

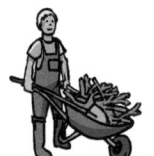

mtunza bustani
....
kertész

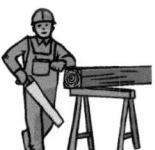

seremala
....
kárpitos

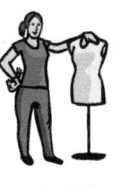

mshonaji
....
varrónő

hakimu
....
bíró

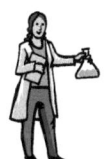

mwanakemia
....
vegyész

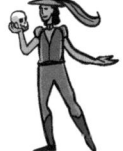

muigizaji
....
színész

dereva wa basi

buszsofőr

dereva wa teksi

taxisofőr

mvuvi

halász

mwanamke wa kusafisha

bejárónő

mwezekaji

tetőfedő

mhudumu

pincér

mwindaji

vadász

mchoraji

festő

mwokaji

pék

umeme

villanyszerelő

mjenzi

építőmunkás

mhandisi

mérnök

mchinjaji

hentes

fundi bomba

vízvezeték-szerelő

mwanaposta

postás

mwanajeshi
katona

msanifu majengo
építész

keshia
eladó

muuza maua
virágos

msusi
fodrász

kondakta
kalauz

mekanika
műszerész

nahodha
kapitány

daktari wa meno
fogorvos

mwanasayansi
tudós

rabbi
rabbi

imamu
imám

mtawa
szerzetes

kasisi
lelkész

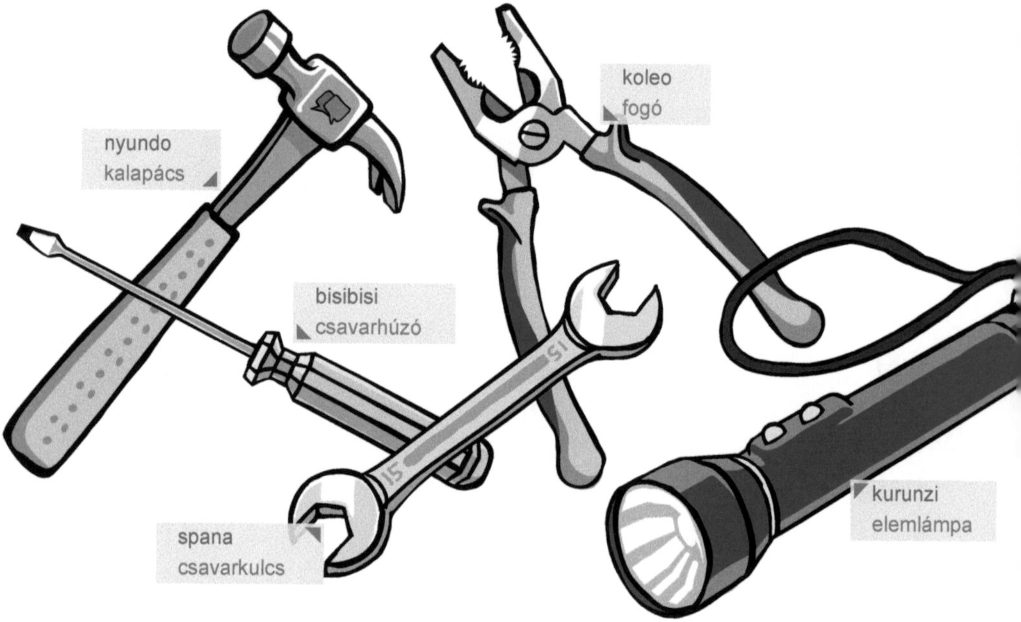

nyundo
kalapács

koleo
fogó

bisibisi
csavarhúzó

kurunzi
elemlámpa

spana
csavarkulcs

mchimbaji

markológép

sanduku la vifaa

szerszámosláda

ngazi

vödör

msumeno

fűrész

misumari

szög

kuchimba visima

fúrógép

kukarabati
megjavítani

sepetu
lapát

Lo!
A francba!

kishikio cha uchafu
szemétlapát

chungu cha rangi
festékesdoboz

skurubu
csavar

ala za muziki
hangszerek

mpangilio wa ngoma
dobfelszerelés

spika
hangszóró

gita
gitár

besi mara mbili
nagybőgő

tarumbeta
trombita

piano
zongora

fidla
hegedű

ubeji
basszusgitár

timpani
üstdob

ngoma
dobok

kibodi
digitális zongora

saksafoni
szaxofon

filimbi
fuvola

maikrofoni
mikrofon

bustani ya wanyama
állatkert

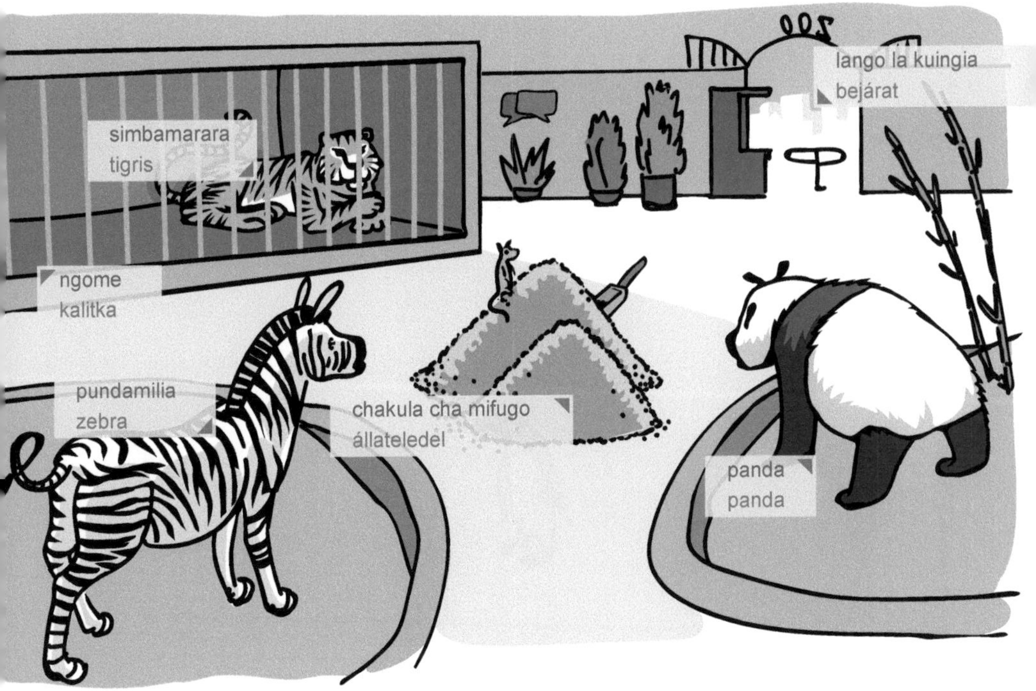
lango la kuingia
bejárat
simbamarara
tigris
ngome
kalitka
pundamilia
zebra
chakula cha mifugo
állateledel
panda
panda

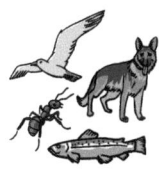

wanyama

állatok

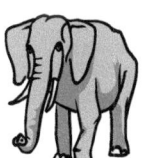

tembo

elefánt

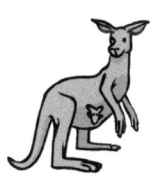

kangaruu

kenguru

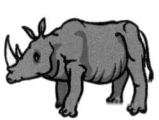

kifaru

orrszarvú

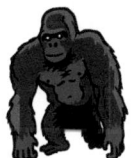

sokwe

gorilla

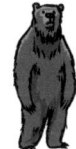

dubu

medve

ngamia

teve

mbuni

strucc

simba

oroszlán

tumbili

majom

heroe

flamingó

kasuku

papagáj

dubu

jegesmedve

penguini

pingvin

papa

cápa

tausi

páva

nyoka

kígyó

mamba

krokodil

mtunza wanyama

állatgondozó

muhuri

fóka

jaguar

jaguár

mwanafarasi

póniló

chui

leopárd

kiboko

víziló

twiga

zsiráf

tai

sas

nguruwe mwitu

vaddisznó

samaki

hal

kobe

teknös

sili

rozmár

mbweha

róka

paa

gazella

soka ya marekani
amerikai futball

uendeshaji baiskeli
kerékpározás

tenisi
tenisz

mpira wa kikapu
kosárlabda

kuogelea
úszás

ndondi
boksz

magongo ya barafuni
jégkorong

soka
futball

vinyoya
tollas

riadha
atlétika

mpira wa mikono
kézilabda

skii
síelés

polo
lovaspóló

shughuli
tevékenységek

cheka
nevetni
kuruka
ugrani
kumbatia
ölelni
kutembea
sétálni
kuimba
énekelni
ota ndoto
álmodni
kuomba
dicsérni
busu
csókolni

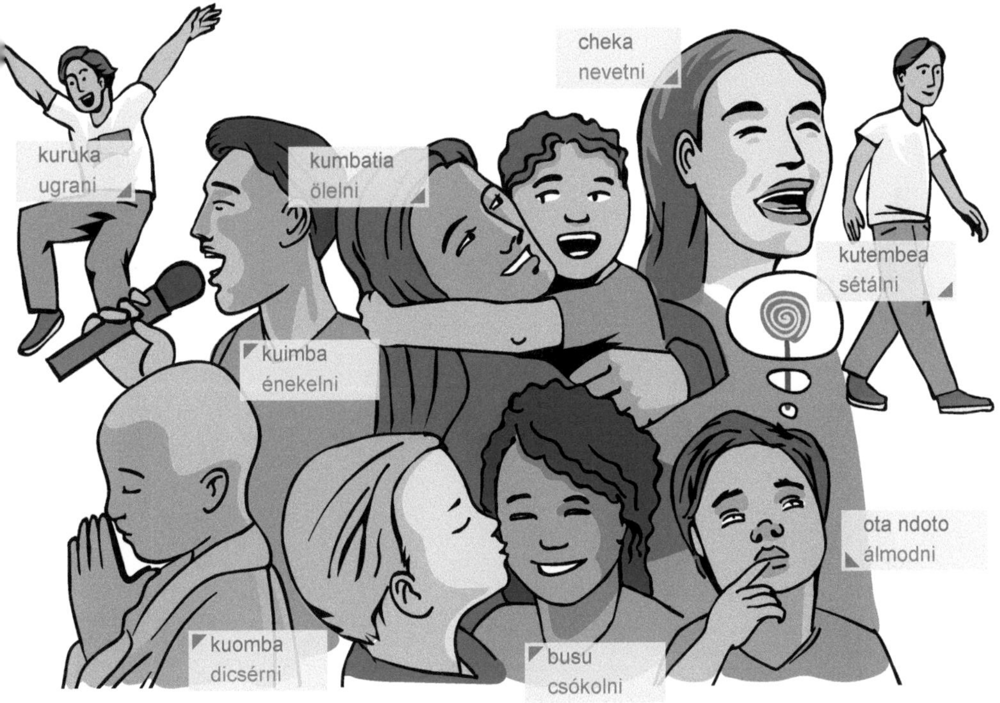

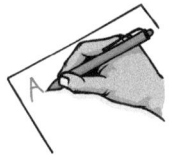

kuandika

írni

kuteka

rajzolni

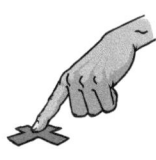

angalia

mutatni

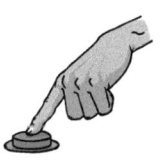

sukuma

tolni

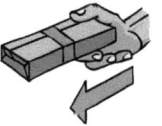

kutoa

adni

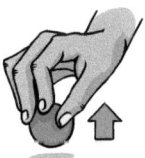

kuchukua

vinni

kuwa

birtokolni

fanya

csinálni

kuwa

lenni

kusimama

állni

kukimbia

futni

vuta

húzni

kutupa

hajít

kuanguka

esni

hadaa

hazudni

kusubiri

várni

kubeba

vinni

kukaa

ülni

vaa nguo

felvenni

usingizi

aludni

kuamka

felébredni

kuangalia

ránézni

lia

sírni

kiharusi

simogat

chana nywele

fésülni

ongea

beszélni

kuelewa

megérteni

kuuliza

kérdezni

kusikiliza

hallgatni

kunywa

inni

kula

enni

nadhifisha

takarítani

upendo

szeretni

mpishi

főzni

gari

vezetni

kuruka

szállni

meli

vitorlázni

kokotoa

számol

kusoma

olvasni

kujifunza

tanulni

kazi

dolgozni

kuoa

házasodni

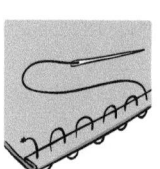

kushona

varrni

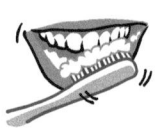

piga mswaki

fogat mosni

kuua

ölni

moshi

dohányozni

kutuma

küldeni

bibi
nagymama

babu
nagypapa

baba
apa

mama
anya

mtoto
kisbaba

binti
lány

bin
fiú

mgeni

vendég

shangazi

nagynéni

mjomba

nagybácsi

kaka

fiútestvér

dada

lánytestvér

mwili

test

paji la uso
homlok
jicho
szem
bega
váll
kidole
ujj
uso
arc
kidevu
áll
mkono
kéz
matiti
mell
mguu
láb
mkono
kar

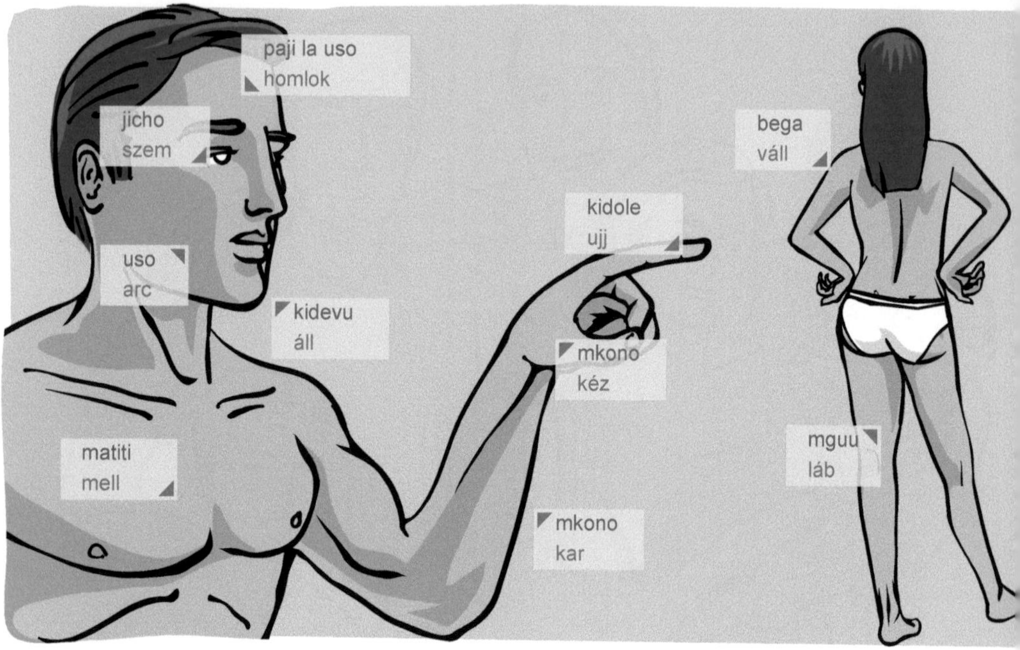

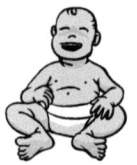

mtoto
kisbaba

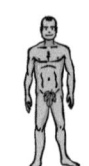

mwanamume
ember

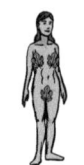

mwanamke
nő

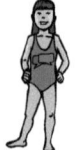

msichana
lány

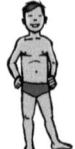

mvulana
fiú

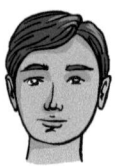

kichwa
fej

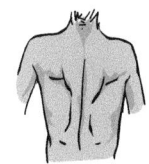

nyuma

hát

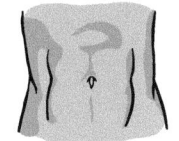

tumbo

has

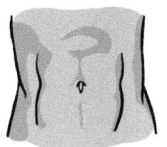

kitovu

köldök

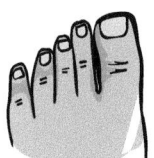

chano

lábujj

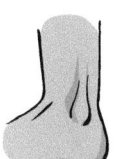

kisigino

sarok

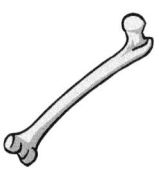

mfupa

csont

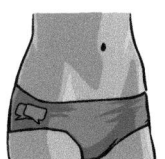

nyonga

csípő

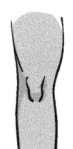

goti

térd

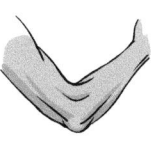

kiwiko

könyök

pua

orr

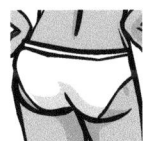

chini

fenék

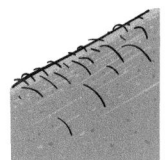

ngozi

bőr

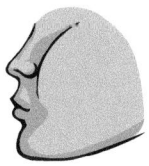

shavu

orca

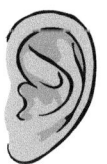

sikio

fül

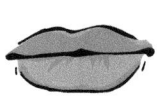

mdomo

ajak

kinywa

száj

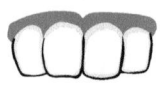

jino

fog

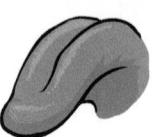

ulimi

nyelv

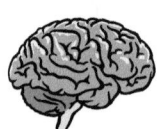

ubongo

agy

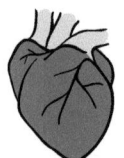

moyo

szív

misuli

izom

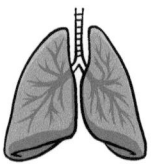

pafu

tüdő

ini

máj

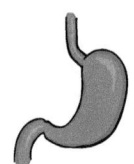

tumbo

gyomor

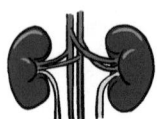

figo

vese

jinsia

szex

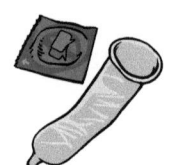

kondomu

kondom

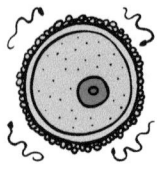

ovari

petesejt

shahawa

sperma

mimba

terhesség

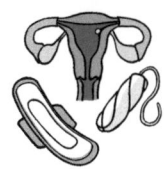

hedhi
menstruáció

uke
vagina

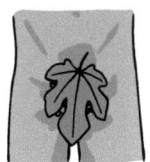

uume
pénisz

unyusi
szemöldök

nywele
haj

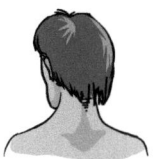

shingo
nyak

hospitali
kórház

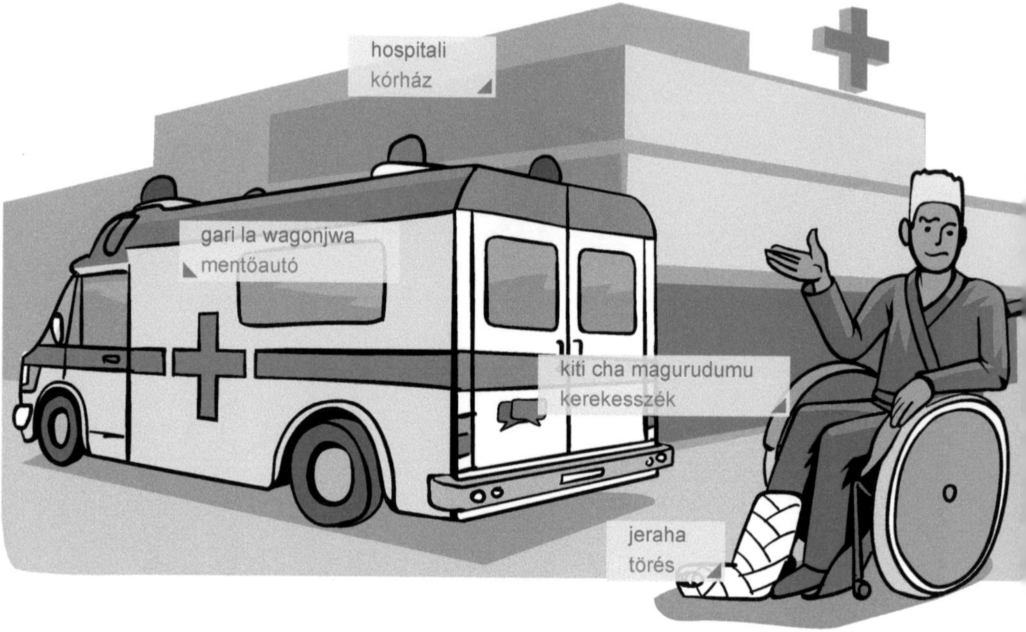

hospitali
kórház
gari la wagonjwa
mentőautó
kiti cha magurudumu
kerekesszék
jeraha
törés

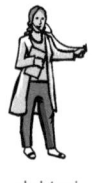

daktari

orvos

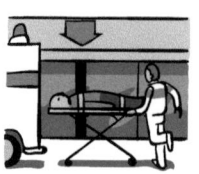

chumba cha dharura

sürgősségi osztály

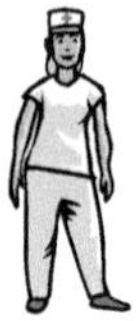

muuguzi

ápoló

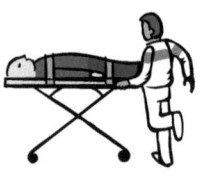

dharura

vészhelyzet

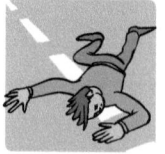

kupoteza fahamu

eszméletlen

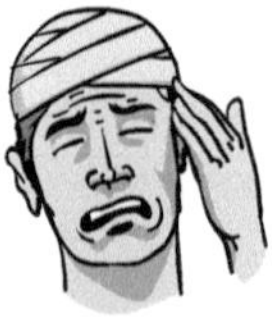

maumivu

fájdalom

kuumia

sérülés

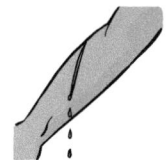

kutokwa na damu

vérzés

mshtuko wa moyo

szívroham

kiharusi

szélütés

mzio

allergia

kikohozi

köhögés

homa

láz

mafua

influenza

kuharisha

hasmenés

maumivu ya kichwa

fejfájás

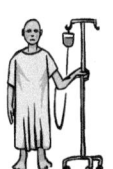

kansa

rák

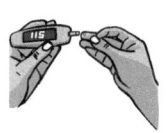

ugonjwa wa kisukari

cukorbetegség

daktari mpasuaji

sebész

kisu kidogo cha kupasulia

szike

operesheni

műtét

picha changanufu ya mwili

CT

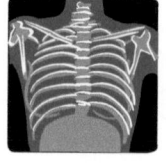

Eksrei

röntgen

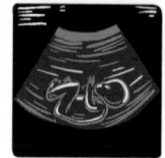

mawimbi sauti

ultrahang

barakoa ya uso

arcmaszk

ugonjwa

betegség

chumba cha kusubiri

váróterem

mkongojo

mankó

plasta

sebtapasz

bendeji

kötszer

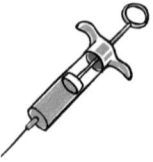

sindano

injekció

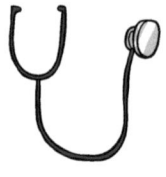

stetoskopu

sztetoszkóp

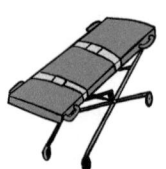

machela

hordágy

kipimajoto cha kliniki

klinikai hőmérő

kuzaliwa

születés

unene kupita kiasi

túlsúly

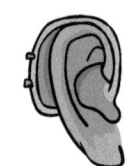

kusikia misaada

hallókészülék

kipukusi

fertötlenítöszer

maambukizi

fertözés

virusi

vírus

VVU / UKIMWI

HIV/AIDS

dawa

orvosság

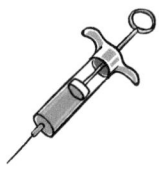

chanjo

oltás

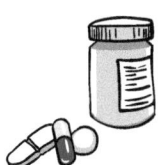

vidonge

tabletták

kidonge

tabletta

simu ya dharura

sürgösségi hívás

haemodainamometa

vérnyomásmérő

mgonjwa / mwenye afya

betegség / egészség

Msaada! Segítség!	 kengele riasztás	 pigo rajtaütés
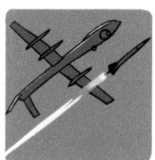 shambulizi támadás	 hatari veszély	 lango la dharura vészkijárat
Moto! tűz!	 kizima moto tűzoltókészülék	 ajali baleset
 vifaa vya huduma ya kwanza elsősegélycsomag	 wito wa msaada SOS	 polisi rendőrség

Ulaya

Európa

Amerika ya Kaskazini

Észak-Amerika

Amerika ya Kusini

Dél-Amerika

Afrika

Afrika

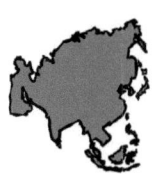

Asia

Ázsia

Australia

Ausztrália

Atlantiki

Atlanti-óceán

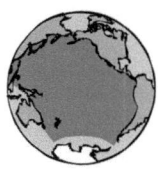

Pasifiki

Csendes-óceán

Bahari ya Hindi

Indiai-óceán

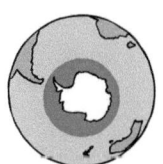

Bahari ya Antaktiki

Déli-óceán

Bahari ya Aktiki

Jeges-tenger

Ncha ya Kaskazini

Északi-sark

Ncha ya Kusini

Déli-sark

Antaktika

Antarktisz

dunia

föld

nchi

szárazföld

bahari

tenger

kisiwa

sziget

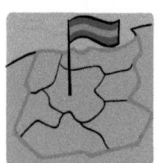

taifa

nemzet

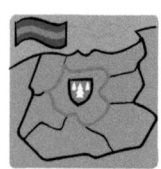

jimbo

állam

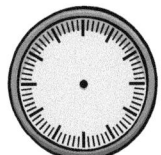

uso wa saa

számlap

akrabu ya saa

kismutató

akrabu ya dakika

nagymutató

akrabu ya sekunde

másodpercmutató

Ni saa ngapi?

Mennyi az idő?

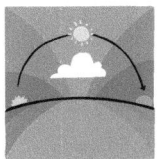

siku

nap

wakati

idő

sasa

most

saa ya dijitali

digitális óra

dakika

perc

saa

óra

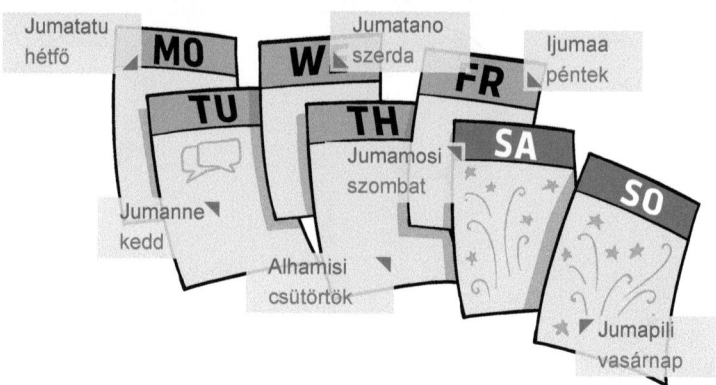

Jumatatu / hétfő
Jumatano / szerda
Ijumaa / péntek
Jumanne / kedd
Jumamosi / szombat
Alhamisi / csütörtök
Jumapili / vasárnap

jana

tegnap

leo

ma

kesho

holnap

asubuhi

reggel

saa sita mchana

dél

jioni

este

MO	TU	WE	TH	FR	SA	SU
1	2	3	4	5	6	7
8	9	10	11	12	13	14
15	16	17	18	19	20	21
22	23	24	25	26	27	28
29	30	31	1	2	3	4

siku za biashara

hétköznap

MO	TU	WE	TH	FR	SA	SU
1	2	3	4	5	6	7
8	9	10	11	12	13	14
15	16	17	18	19	20	21
22	23	24	25	26	27	28
29	30	31	1	2	3	4

mwishoni mwa wiki

hétvége

mwaka

év

mvua
eső
upinde wa mvua
szivárvány
upepo
szél
theluji
hó
majira ya machipuko
tavasz
vuli
ősz
kiangazi
nyár
majira ya baridi
tél

4.APRIL 11°
5.APRIL 4°
6.APRIL 13°
7.APRIL 8°
8.APRIL 10°

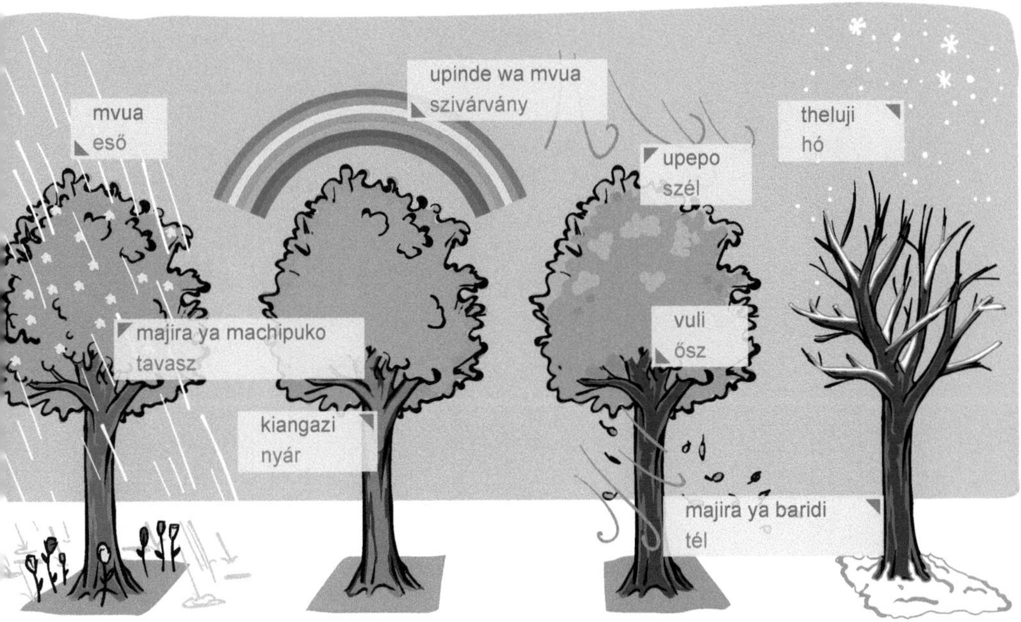

utabiri wa hali ya hewa

időjárás előrejelzés

F C
120 40
90 30
60 20
30 10
0 0
-30 -10
-20

kipimajoto

hőmérő

mwanga wa jua

napsütés

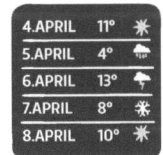

wingu

felhő

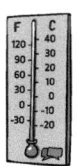

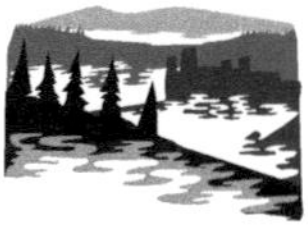

ukungu

köd

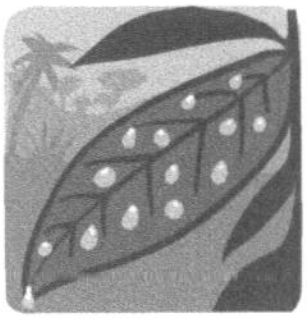

unyevu

páratartalom

umeme

villámlás

radi

mennydörgés

dhoruba

vihar

mvua ya mawe

jégeső

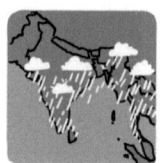

monsuni

monszun

mafuriko

áradás

barafu

jég

Januari

január

Februari

február

Machi

március

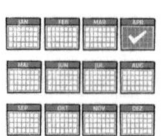

Aprili

április

Mei

május

Juni

június

Julai

július

Agosti

augusztus

mwaka - év

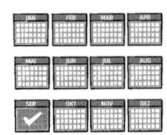

Septemba

szeptember

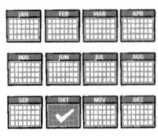

Oktoba

október

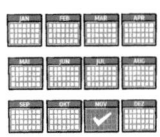

Novemba

november

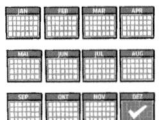

Desemba

december

mduara

kör

mraba

négyzet

mstatili

téglalap

pembetatu

háromszög

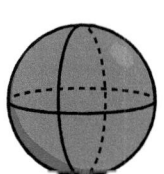

nyanja

gömb

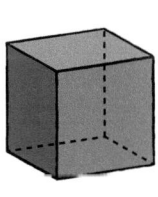

mchemraba

kocka

nyeupe

fehér

manjano

sárga

chungwa

narancs

rangi ya waridi

rózsaszín

nyekundu

piros

hudhurungi

lila

bluu

kék

kijani

zöld

hanja

barna

jivujivu

szürke

nyeusi

fekete

mengi / kidogo

sok / kevés

hasira / pole

mérges / nyugodt

nzuri / mbaya

szép / csúnya

mwanzo / mwisho

kezdet / vég

kubwa / ndogo

nagy / kicsi

angavu / giza

világos / sötét

kaka / dada

fivér / nővér

safi / chafu

tiszta / koszos

kamilika / tokamilika

teljes / nem teljes

siku / usiku

nappal / éjszaka

wafu / hai

halott / élő

pana / nyembamba

széles / keskeny

kulika / kutolika

ehető / nem ehető

ovu / ema

gonosz / kedves

sisimkwa / udhika

izgatott / unott

nene / nyembamba

kövér / vékony

kwanza / mwisho

első / utolsó

rafiki / adui

barát / ellenség

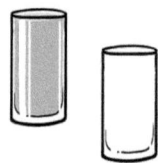

jaa / tupu

teli / üres

ngumu / laini

kemény / puha

nzito / nyepesi

nehéz / könnyű

njaa / kiu

éhség / szomjúság

mgonjwa / mwenye afya

betegség / egészség

haramu / kisheria

illegális / legális

akili / kijinga

intelligens / buta

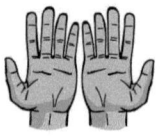

kushoto / kulia

bal / jobb

karibu / mbali

közel / távol

mpya / kutumika
....
új / használt

kitu / jambo
....
semmi / valami

zee / changa
....
idős / fiatal

waka / zima
....
be / ki

wazi / fungwa
....
nyitva / zárva

utulivu / kelele
....
csendes / hangos

tajiri / masikini
....
gazdag / szegény

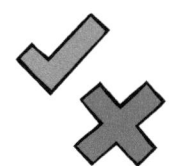

sahihi / kosa
....
helyes / helytelen

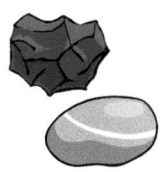

mbaya / laini
....
érdes / sima

huzunika / furahia
....
szomorú / vidám

fupi /ndefu
....
rövid / hosszú

polepole / haraka
....
lassú / gyors

nyevu / kavu
....
nedves / száraz

joto / baridi
....
meleg / hideg

vita / amani
....
háború / béke

0	**1**	**2**
sufuri	moja	mbili
nulla	egy	kettő

3	**4**	**5**
tatu	nne	tano
három	négy	öt

6	**7**	**8**
sita	saba	nane
hat	hét	nyolc

9	**10**	**11**
tisa	kumi	kumi na moja
kilenc	tíz	tizenegy

12

kumi na mbili

tizenkettő

13

kumi na tatu

tizenhárom

14

kumi na nne

tizennégy

15

kumi na tano

tizenöt

16

kumi na sita

tizenhat

17

kumi na saba

tizenhét

18

kumi na nane

tizennyolc

19

kumi na tisa

tizenkilenc

20

ishirini

húsz

100

mia

száz

1.000

elfu

ezer

1.000.000

milioni

millió

Kiingereza

angol

Kiingereza cha Marekani

amerikai angol

Kimandarini cha Uchina

mandarin kínai

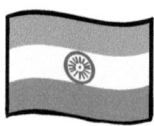

Kihindi

hindi

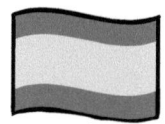

Kihispania

spanyol

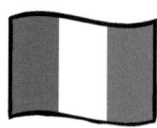

Kifaransa

francia

Kiarabu

arab

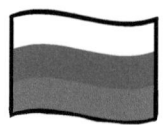

Kirusi

orosz

Kireno

portugál

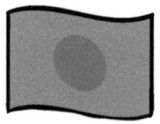

Kibengali

bengáli

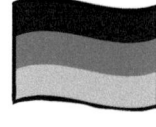

Kijerumani

német

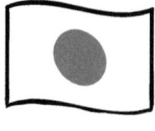

Kijapani

japán

mimi

én

wewe

te

yeye / yeye / ni

ő

sisi

mi

wewe

ti

wao

ők

nani?

ki?

nini?

mi?

jinsi gani?

hogyan?

wapi?

hol?

lini?

mikor?

jina

név

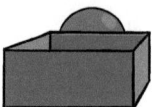

nyuma

mögött

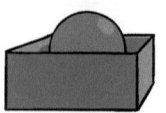

katika

benne

mbele ya

elötte

juu ya

felette

kwenye

rajta

chini ya

alatta

kando

mellett

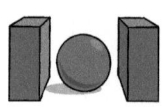

kati

között

mahali

hely